LA FRANCE EN 1848

Par P. (J.-L.-M.)

SOMMAIRE

LE PASSÉ. — LE PRÉSENT. — LA GLOIRE.
— L'ESPRIT DE NATIONALITÉ. — OUBLI DE L'HONNEUR. —
L'ÉGOÏSME. — CORRUPTION. — DÉCOURAGEMENT.
L'AVENIR. — ESPÉRANCE.

Prix : 50 cent.

PARIS

A LA LIBRAIRIE LITTÉRAIRE ET POLITIQUE
RUE RAMEAU, 7.
1848

LA

FRANCE EN 1848

Par P. (J.-L.-M.)

PARIS

A LA LIBRAIRIE LITTÉRAIRE ET POLITIQUE

RUE RAMEAU, 7.

1848

LE PASSÉ.

LE PASSÉ.

Les peuples se disent entre eux : Où est donc la grande nation, qui autrefois, faisait trembler l'univers?

Où est donc celle, qui jadis, brillait entre toutes les nations du monde?

Les faibles demandent : Où est le soutien de l'opprimé ?

Les forts répondent : Malheur, malheur aux vaincus !

— La France a eu trop de gloire, elle a trop brillé dans l'univers !

— Il fut un temps où sa gloire était redite par toute la terre.

La terre émerveillée regardait avec admiration le beau royaume de France.

— Ses rois se sont vus les premiers du monde !

— Il fut un temps où ses guerriers parcoururent les nations, distribuant des couronnes, et chassant devant eux les rois de l'Europe, comme on chasse un troupeau.

Quand ses enfants marchaient au combat, ils y allaient en chantant un hymne de victoire.

Tantôt, ils étaient guidés au chemin de l'honneur par un panache blanc,

Tantôt, par un drapeau sans tache,

Tantôt, par l'étendard aux trois couleurs, symbole de l'alliance du roi avec son peuple.

— Jamais la France ne compta ses ennemis !

— Il fut un temps où la France régna sur le monde par la merveilleuse puissance de son génie.

Le génie, qui place un siècle plus haut dans l'histoire, que la conquête de l'univers!

Alors la France était belle à voir!

Pendant que les guerriers s'en allaient au loin, suivant l'étoile de la victoire,

Les poètes chantaient, les philosophes songeaient, les hommes d'un puissant génie écrivaient,

Tous travaillaient pour leur gloire et celle de la patrie,

Et, de toutes parts, on venait voir le grand royaume et admirer ses merveilles.

La France était jadis comme la grande école du monde, où les peuples venaient voir, admirer, étudier et apprendre.

LE PRÉSENT.

LA GLOIRE.

Quelle est cette nation qui semble énervée et souffrante?

Quel est ce peuple qui paraît épuisé et découragé?

Quelle est cette multitude insouciante?

— Est-ce le peuple de la France?

— On dirait que les âmes ont cessé de souffrir, les cœurs de battre et de sentir !

— Jadis, on entendait des chants de victoire,

Jadis, ce peuple frémissait d'enthousiasme au cri de la liberté.

Il n'y avait qu'un cri dans les rangs de ses armées : Vive la France !

...... Mais où sont allés les hommes d'autrefois? où sont les chants glorieux de la patrie? . . . .

. . . .

—La jeunesse court, rieuse et inconsidérée, après les plaisirs qui sans cesse l'attirent.

Voilà ses espérances !

L'homme fait, sans cesse tourmente son cœur et médite en son esprit comment il augmentera ses richesses.

Voilà ses espérances !

Le vieillard, usé et fatigué des bruits du monde, demande le repos de la tombe.

Là sont ses espérances !

— Ils ont tous le cœur blasé !

Ils s'habituent à ne plus entendre parler de gloire !

Ils s'habituent à ne plus entendre parler d'honneur !

Ils s'agitent tous sourdement dans un cercle étroit.

Ils ont concentré les forces de leur âme dans leur égoïsme !

— Mais voilà que déjà la gloire n'est plus qu'un nom sonore, qui retentit dans les écoles !

Entendez-vous, au dehors, le tumulte de la foule qui passe, bruyante et agitée ?

C'est le bruit du peuple qui s'en va, cherchant en tous lieux de l'or.

C'est la foule empressée des hommes sans cœur, qui viennent demander un regard bienveillant aux maîtres qu'ils implorent.

C'est l'homme sans honneur qui court vite chercher son salaire.

— Ah ! parmi toute cette foule qui s'agite, n'en est-il donc pas un qui gémisse, en son cœur, des maux de la patrie ?

N'en est-il donc pas un qui s'émeuve au souvenir de l'antique gloire ?

L'ESPRIT DE NATIONALITÉ.

Mais quel est ce bruit qui vient de loin?

Quelle est cette sourde agitation des peuples?

Il me semble entendre, au nord et au midi, comme un cri de liberté.

Il me semble que l'âme des peuples opprimés s'est réveillée au souvenir de la patrie.

N'entendez-vous pas venir à vous, par-dessus la cime des montagnes, des hymnes patrioti-ques?

N'entendez-vous pas comme un bruit d'ar-mes?

— Il y a des peuples qui s'agitent et s'arment, au cri de la liberté.

Il y a des peuples qui se lèvent comme un seul homme, pour combattre leurs oppresseurs.

Gloire, gloire à ceux qui aiment leur patrie!

— Il y a des peuples qui sont tombés en criant : Vive la patrie!

Ils criaient : Vive la patrie! mourant massa-crés par les tyrans.

Ils chantaient tous un chant funèbre au der-nier jour de la patrie.

Ils prenaient le dernier drapeau, et ils al-laient, ils allaient mourir en le défendant!

Gloire, gloire à ceux qui sont morts pour la patrie!

— Mais quel est ce peuple indifférent et frivole?

— Quel est ce peuple inconsidéré?

On dirait qu'il ne voit pas l'agitation des peu-ples.

On dirait qu'il n'entend pas les cris patrioti-ques qui retentissent dans le monde.

Jadis, il appelait les peuples au bienfait de la liberté.

Il appelait les peuples, et il s'était fait comme leur roi, pour marcher en avant.

Les nations étonnées le regardaient avec admiration !

— Mais voici que les fils des vainqueurs ont dégénéré.

Ils semblent ne plus pouvoir porter la gloire de leurs pères,

Le souvenir glorieux des ancêtres les trouble !

— Pourquoi dégénères-tu, ô peuple français ?

N'aimes-tu plus la patrie ?

Pourquoi ne réponds-tu pas, par un hymne glorieux, aux peuples qui chantent, là-bas, un chant de liberté ?

En chantant, ils ont tourné les yeux vers toi, pour voir si tu venais.

Ils ont écouté, pour savoir si tu leur répondais.

Mais ils ont regardé en vain ; ils ont inutilement attendu une réponse à leur chant !

N'as-tu plus souci de ta gloire ?

N'as-tu plus souci de la liberté des peuples ?

OUBLI DE L'HONNEUR.

Entendez-vous, dans le monde, le mouve-
ment des peuples qui s'agitent sur notre globe?

Ils cherchent, ils cherchent, en tous lieux,
un but à leur activité.

Les uns, s'en vont au loin sur les mers, et
veulent y régner.

Les autres, puissants sur terre, dominent par la force et oppriment les faibles.

Les faibles résistent et veulent la liberté.

— On a vu quelquefois le courage malheureux.

On a vu des royaumes disparaître, violemment rayés de la liste des nations.

On a vu d'étranges partages !

Le monde s'est ému un moment. Il a chanté un hymne à la gloire des vaincus.

Puis, il est redevenu calme, et il a cherché ailleurs un but à son activité.

— Le voilà maintenant qui regarde un homme, qui a réveillé des millions d'âmes.

Ils sommeillaient, ils sommeillaient en Italie.

Mais ils sont réveillés !!

Ils ont entendu, dans leur sommeil, une voix qui leur criait : Patrie, honneur, liberté !

Ils se sont levés, et ils ont répondu : Patrie, honneur, liberté !

Gloire, gloire à celui qui réveille les âmes et ennoblit l'homme à ses propres yeux.

— Et voilà qu'au milieu de l'agitation des peuples, un grand royaume reste isolé et solitaire.

Les nations s'émeuvent. Les âmes frémissent d'impatience. L'espoir est dans tous les cœurs.

On dirait la terre dans l'attente de quelque grand événement.

Et toujours, je vois ce royaume solitaire, chancelant, et comme étonné du bruit qui se fait autour de lui.

Son peuple s'agite dans le cercle étroit d'une pensée égoïste.

Il ne sait plus retremper son âme aux chants patriotiques.

Les âmes, inquiètes et fatiguées, s'énervent; les esprits s'affaissent.

Il n'a plus d'élans du cœur!

— J'ai entendu les autres peuples parler en maîtres :

Je ne l'ai point vu répondre à ceux qui l'injuriaient!

Il a vite oublié l'offense, et il s'en est distrait en pensant à ses richesses.

Il s'est remis à compter son or pour le faire fructifier!

L'ÉGOISME.

La nation languit, souffrant en silence, un mal qui la dévore.

Il s'est répandu en elle, je ne sais quelle insatiable désir, qu'elle ne peut satisfaire.

Sans cesse elle se tourmente et cherche, cherche à s'étourdir sur ses maux.

Elle s'ébat dans des fêtes, elle s'oublie un moment dans le bruit de l'orgie.

Elle rit d'un rire forcé, dans sa souffrance.

Elle chante, dans son malheur, un chant de bonheur........................

Mais bientôt, toute cette joie factice vient à s'évanouir, et elle recommence à souffrir.

— Ils souffrent tous, ils souffrent tous d'étranges angoisses.

— Et voici : il est entré dans tous les cœurs un immense désir de bonheur.

Ils veulent tous être heureux et jouir des biens de la vie.

Ils veulent calmer l'inquiétude de leur âme, en lui accordant tous ses désirs.

Ils veulent satisfaire les immenses désirs du cœur !

— Insensés, qui croient ici-bas trouver le bonheur !

Et pour être heureux ils veulent posséder.

Ils pensent avec de l'or acheter un peu de bonheur.

— Ils rêvent l'oubli de leurs maux !

— Ceux qui commandent ont voulu de l'or.

Et avec de l'or ils se sont étourdis dans des fêtes, et ils ont dit : Soyons heureux.

Ils ont appelé leurs amis pour venir partager leurs joies.

—Ceux qui obéissent ont voulu de l'or.

Et pour avoir de l'or, ils ont fait taire le cri de leur conscience.

Les voyez-vous comme ils se tourmentent et s'agitent tous dans l'ombre?

Les entendez-vous mendier, sans honte, les faveurs et les grâces?

Ils élèvent tous ensemble la voix, criant : De l'or, de l'or!

Ils veulent de l'or et des fêtes, leurs cœurs n'en demandent pas plus, leurs esprits ne voient point au-delà. . . . .

—Entendez-vous comme un murmure de voix plaintives?

Entendez-vous les gémissements des peuples qui souffrent?

J'entends, de tous les points du monde, les plaintes de la souffrance.

J'entends des peuples qui appellent au se-cours. . . . .

Mais en vain crient-ils vers la France; la France n'entend plus les cris du malheur.

Insensé! qui met sa confiance, dans celui que possède l'amour de l'or!

CORRUPTION.

Quelle est cette société, sans honneur et sans
honte, qui sans cesse désire et crie : Richesses,
richesses?

Les voyez-vous comme ils se tourmentent et
s'empressent tous pour trouver l'or qu'il faut à
leurs cœurs avides?

—Entendez-vous la grande voix de la corruption, qui retentit au loin?

Les voilà qui se laissent tous fasciner par les charmes de cette voix, qui leur parle de richesses.

Ils crient tous avec elle : Richesses, richesses!

— Il y en a qui, riches et puissants, désirent encore.

Ils ne sont point heureux dans le luxe et l'apparence de bonheur qui les entoure.

Leurs cœurs désirent toujours, et sans cesse ils répètent avec la foule : Richesses, richesses!

— La foule adore une idole d'or, qu'on lui a montrée, disant :

Voilà le dieu d'aujourd'hui : regarde et adore!

La nation s'est mise, dans sa souffrance, à adorer une divinité, dont elle espérait être soulagée.

Mais en se prosternant devant son idole, voilà qu'elle s'est sentie faiblir.

Ses forces se sont énervées, et elle s'est en vain débattue contre l'influence secrète de sa divinité.

— Et voilà : En adorant l'idole, chaque homme a senti naître en lui, je ne sais quel vague désir. . . . .

Et il s'est dit en secret dans son âme : Je veux être riche! . . . .

... Et pour arriver aux richesses, il s'est vendu aux puissants.

Il a vendu sa conscience, et il s'est fait l'ami de ceux qu'il n'aimait point autrefois.

Il est devenu un vil flatteur, et il s'est fait humble et rampant.

Celui qui gémissait des maux de la patrie a aussitôt renié l'amour de son pays.

Il est devenu semblable à ceux qui n'ont plus d'honneur !

— Il y en a beaucoup, il y en a beaucoup qui ont déjà conclu le marché de leur conscience.

Il y en a beaucoup plus encore qui attendent le prix de la vente !!!

DÉCOURAGEMENT.

En voyant toutes ces choses, quelle âme sensible ne gémirait?

Quel cœur généreux ne souffrirait pas?

— Mais voici que cette nation frivole et avide s'en va, s'en va toujours en avant.

Dans son délire, elle méconnaît la parole des sages.

Elle avance, elle avance toujours, insensée !

— On l'étourdit sur ses maux, on lui cache ses souffrances !

— Voilà que les sages se retirent lentement. . . . .

Les voici qui gémissent en silence, sur ce peuple égaré.

Ils étudient en paix les générations qui s'agitent et roulent autour d'eux.

En voyant les maux qui accablent l'humanité, ils disent des choses de la terre.

— Vanité, vanité, vanité !

— Et durant qu'ils parlent ainsi, viennent à leurs oreilles d'étranges clameurs, comme d'un grand peuple qui gémit.

C'est tout un peuple d'insensés, qui chemine incertain de la route qu'il suit.

Ils ne demandent point où ils vont.

Ils ne veulent point qu'on leur indique le chemin.

— Ils marchent, ils marchent au hasard !

— Ils arriveront bientôt au terme de leur course.

Et là, il y aura d'affreux malheurs et d'horribles calamités.

Les sages leur crient : Arrêtez !

Mais toute cette multitude est trop loin, peut-être, pour entendre leur voix.

L'AVENIR.

L'AVENIR.

Chaque chose n'a qu'un temps sur la terre.
Le bonheur et le malheur ont un terme.
La joie remplace la tristesse, la tristesse vient
après la joie.
  — Ainsi sont les lois du monde.

— Il y a des peuples qui dorment sur la foi de leurs chefs.

Leur réveil viendra !

— Il y en a d'autres qui secouent leur sommeil.

Étonnés, ils regardent autour d'eux.

Ils s'émerveillent des bruits qui se font dans le monde.

Voilà qu'une étrange agitation s'empare d'eux.

Ils songent à leur avenir !

— On en a vu qui, après avoir fait grand bruit dans le monde, sont tombés de lassitude.

Ils ont tout oublié pour dormir !

— Il est un peuple qui, après avoir ainsi troublé le monde, dormait.

Il se reposait : après tant de travaux, il se croyait en bonne voie.

Il se laissait conduire...

Mais le voici qui se réveille lentement, lentement.

Il regarde autour de lui, pour voir ce qui se fait.

Il regarde et il s'étonne ! . . . .

— Le voyez-vous maintenant s'agiter et secouer son sommeil ?

Le voilà qui regarde aussi vers l'avenir.

— Entendez-vous des voix ?

J'entends, de toutes parts, des voix qui parlent de l'avenir.

Elles crient aux masses : Songez à l'avenir !

Et les masses répondent : Songeons à l'avenir !

Le voilà réveillé !

— Maintenant, ces peuples accompliront leur destinée.

L'homme, chétive créature, ne doit point chercher à sonder le chaos ténébreux de l'incompréhensible avenir.

ESPÉRANCE.

Faut-il chanter un chant d'espoir, faut-il regarder vers l'avenir, ô France, ô ma patrie?

Chantons un chant d'espoir, car la France se réveille.

Chantons, car elle a encore des fils dont le cœur bat.

Chantons, car des braves défendent son drapeau.

— Sur son drapeau il y a écrit : Honneur et patrie.

Sur son drapeau déchiré des balles on a inscrit la devise des braves.

— C'est un signe de victoire.

— Mais pourquoi t'oublier ainsi, nation française ?

Le monde regarde et s'étonne.

Il dit, dans sa surprise : Ce n'est plus la France d'autrefois !

— Ne crains rien cependant, ô ma patrie ! tu as encore des fils dont le cœur bat.

Ne crains rien, tu as encore des braves qui attendent, impatients, l'heure du combat.. . . .

— N'entends-tu pas un chant joyeux qui vient de loin ?

Ce sont tes guerriers qui chantent un chant de victoire.

Ils chantent au milieu de l'effroyable bruit de la guerre.

Ils chantent un hymne à ta gloire, au milieu de la fumée du combat.

— Au bruit de la canonnade et du chant glorieux, voici toute ta jeunesse qui se lève.

Elle demande des armes, elle demande des armes.

Elle veut aller, avec les autres, chanter un hymne à ta gloire, au milieu de la fumée du combat.

— Ne crains rien, ô ma patrie!

Ne crains rien, car voici, à ton appel, les pères qui suivent leurs fils.

Ils chantent aussi un hymne à ta gloire. . . .

— Mais voilà que le vieillard se ranime et se lève. Il prend ses vieilles armes pour venir combattre.

Il mène avec lui son petit-fils!

Ils vont aussi, ils vont aussi, ô France, ô ma patrie! chanter un hymne à ta gloire, au milieu de la fumée du combat

FIN

PARIS. — IMPRIMERIE DE BEAULÉ ET MAIGNAND,
rue Jacques de Brosse, 8.